RUNOJA OMENASTA JA PÄÄRYNÄSTÄ

Merja Anneli Vilenius

2013

Kustantaja: BoD – Books on Demand, Helsinki, Suomi
Valmistaja: BoD – Books on Demand, Norderstedt, Saksa
ISBN: 978-952-286-622-6

Etsin suurta
Kustantajaa
uudelle runoteokselleni.
Löysin sellaisen
Elämänkoulusta.

Jos sinut on pakattu
Raamatun ja Koraanin väliin,
Mikä on moraalisi?

Ehkä se omena
putosi puusta.
Eeva vain tarttui siihen ja
puraisi.

Minä rakastan
Elämää, sitä jota
minulla on jäljellä elettävänä.

Sano, sano sana.
Leikkaa, leikkaa se irti.
Sano, sano toinen sana.
Talleta, talleta se sydämeesi.
Ole, ole kaunis ihminen.
Se mitä tapahtuu,
on tulevaisuutta.
Se mikä tapahtuu nyt, on olevaa.
Kaunis sää ja
auringonpaiste.
Kukkien kukoistus, ja
puiden vaaleanvihreä väri.

Sano, sano sana.
Älä leikkaa sitä irti,
vaan talleta se sydämeesi ja
muista tämä kaunis päivä.
Tämä päivä, talleta se.

Jos elät huomiselle,
unohdat tämän päivän.
Sen tärkeimmän
omenan ja päärynän puraisun.

Kehityskertomus ei tarkoita sitä,
että ihminen välttämättä kehittyy.

Hän voi mennä taaksepäin,
kauas menneisyyteen,
mutta jos hän palaa sieltä,
hänellä on muassaan
Elämän arvoituksen
Kultainen malja,
se miksi hän syntyi,
elää ja on.

Sinullakin on sinisenharmaat
silmät.
Omani ovat sinua
katsoneet.

Sanat olivat piilotettu minulta,
odotin, että ne
tulisivat luokseni,
niin kuin Sinä tulet.

Elämänkertomus on yleensä
rakkauskertomus.
Jos se olisi
rakkaudettomuudesta kertova,
olisiko se silloin yhtä kiintoisa?

Se, että kohtaa jonkun,
joka säteilee valoa,
on paljon se.

Minulla on tarvekalut,
työstän ja rakennan
Elämäni rakkauden talon
Hyvän ja Pahan tiedon puusta.

Elin elämääni,
niin kuin useimmat,
täysin sumussa.
Sinä olet meripoijuni.
Kiitos, että löysin oikealle reitille.

Sinulla, jolla on sielu,
älä hylkää sitä,
älä unohda,
että kukaan ei tiedä,
kuinka monta Elämää
sielusi on näkevä.

Sinä, sinä ja erämaa.
Sinä, sinä ja keidas.

Hiukseni ovat alkaneet
harmaantua
Elämän kiertokoulussa.
Tätäkö vanheneminen on.
Viisautta ja hulluutta yhtä aikaa?

Sinulla oli sanat,
minulla oli kieli,
puhuin kuiskaten,
huusin ja raivosin,
kaikkea yhtä aikaa.

Minä kerroin yhden
arvoituksen,
Sinä toisen.
Yhdessä niistä
muodostui Elämän
kaunis tarina,
soljuva puro, vuorella juokseva.

Kun minä kirjoitan,
en tiedä
Kuka minussa
kirjoittaa,
oletko se Sinä sittenkin,
joka herättää kypsyneen
sieluni aamun aavassa
meressä,
Rakkaani Elämä.

Männyt näyttivät
kauniilta,
aurinko Itse sävelsi
niihin Elämän värin ja
van Goghin maalauksen.

Nukuin hiljaa tyynenä,
kuin pieni Lapsi,
sinä kuiskasit
minut uneen.

Vaeltaja vaelsi
minussa aikansa,
se oli Sieluni
kulunut kolikko,
Elämän kääntöpuoli,
kunnes pistin sen
säästölippaaseen ja
katsoin sitä
kynttilänvalolla.

Vaikka minussa veisaisi
virsi,
kulunut laulunpätkä,
olisivat ne kaikki
suurta sointua
Sinulle,
armaani.

Kerroitko sen,
mitä
puuttui?
Puuttuiko mitään,
kuinka kipeää oli
Omenan ja Päärynän,
hedelmän puraisu,
Maria.

Minusta sata sanottua sanaa
voi olla enemmän kuin yksi,
mutta jos yksi sana on
tärkeämpi,
tiedät hyvin,
mikä se olisi.

Odotitko Elämänlautalla
kuuta vai aurinkoa?
Entä jos sait ne
molemmat,
eikö olisi
syytä iloon?

Minusta puhe on tärkeää,
hiljaisuus taas
rakentavaa.
Elämäntaloa rakentaessa
syntyy pauketta ja kolinaa,
kunnes talo on valmis,
melske rauhoittuu.

Oletko varma?
Varma mistään?
Todellisuus on hämärä laakso,
johon kaipaat ja
halajat.
Kuitenkin olet jo
laskeutunut vuorilta
Lähteen ääreen.
Katso, kuinka kirkas vesi on!

Omenapuun pieni varsi
kasvaa suureksi,
samalla lailla Hyvän ja Pahan
tiedon puu
tuottaa siemeniään.

Huulet havisevat
kuin haavanlehdet.
Herkkä linnunliverrys ja
kujerrus, saa
naurun aikaiseksi.

Joskus pientä Sieluani,
koskee kovasti.
Se haluaa viisaan
Sielun vierelleen.

Istut hiljaa vieressäni.
Tiedän, että
avasin taas sanaisen arkkuni ja
yritin oivaltaa
puheen kautta hiljaisuuttasi.
Onnistuinkohan siinä,
en tiedä?

Häpeä,
häpeä on
ihmisessä usein syvällä,
mutta kun sen unohtaa,
voi saavuttaa jotain.

Mitä on kymmenen vuotta,
mitä kaksikymmentä
ihmisen elämässä,
paljonkin jos elää jo
viidettäkymmenettä,
paljonkin.

Kaikkivoipaisuus on
ihmissuhteessa
usein niin vaikeaa,
kuinka pieni,
kuinka pieni,
ihminen on?

Istun teellä,
istun kahvilla,
kirjoitan Sinua
mielessäni ja
tee ja kahvi
jäähtyvät,
olet minulle
mieluisa arvoitus.

Ihmisen ikä,
ihmisen suku,
vaivoja täynnä,
elämän ja kuoleman.

Sydämeni uurteet,
kuin vanhuksen,
onneksi sinä teet minut
lapseksi taas.

Ajatusten rajallisuus,
joku toinen sanoi saman,
mutta eri henkilölle kuin
minä,
se mitä minä sanon Sinulle,
on Sinun ja Minun välinen rajallisuus
kaikessa rajattomuudessaan.

Paljon, paljon.
Vähän, vähän.
Riittävästi molempia
rakkauden valtameressä,
jossa välillä
myrskyää ja
välillä on tyyntä.

Liike, liike
pyörittää maailmaa,
tässä minä
nuorallakävelijä
kuljen ja taistelen
putoamista vastaan.

Katkelma,
lauseen oikku.
Rakkaus katkelmanoikku.
Rakkaus katkelman ja
lauseen oikku.

Se mitä tunnen,
on se mitä tunnet.

Yllätit minut Hedelmällisilläsi,
otin vastaan,
mitä annoit.

Hyvänolon tunne
levittäytyy
päästä varpaisiin.
Kuka hypnotisoi
kenetkin?

Saarroit minut
kuin saareen.
Veneilin kanssasi
uudestaan mantereelle.

Sinä olet salaisuus ja
minä etsin
avainta Elämän
heinäsuovassa.

Minulla on kevyt olo,
elämän painolasti
hävisi kanssasi
jonnekin pois.

Tuli turvallinen olo,
kun sanoit niin.
Minäkin Sinua.

Herätit henkiin Ruususen ja
katso se eli,
Hyvän ja Pahan Tiedon puun
juurella.

Kirjoituskonetta ei
sittenkään viskattu
jokeen.
Sinä kirjoitit minussa.

Paratiisin lapset
touhottovat
anteliaina Elämälle.
Ikävä on ollut kova,
mutta se odotus
palkittiin.
Punaisena, kypsänä Omenana.
Vihreänä, kypsänä Päärynänä.

Minä kuuntelin
joen pulputusta,
sitä kuinka se
etsi voimaansa.

Kirjoitan,
kirjoitan
Sinulle kirjettä,
sormenpäilläni
kirjoitan sen.

Veit voimavarani,
annoit voimavarani,
uudistuin Sinussa.

Hetken hilpeä Elämä,
voi olla sadetta ja paistetta.

Ojensin Sinulle sinisen kukan.
Poimit sen.
Hellit ja hoivasit
sitä.
Se ei kuivunut,
ei lakastunut.
Päinvastoin.
Kukoisti
1000 vuotta.

Elämänkoulun runo
asuu minussa.
Opetit minua
kirjoittamaan.

Omarin viini
juovuttaa.
Join koko Maljan.
Silti lasini täyttyi
yhä uudestaan.

Unelmien päiväkoti,
pilvenhattara ja
sadesää,
kunnes tulee pouta.

Sinä soitit sormillasi
kitaraa,
ääni oli kaunis, kuulas
soitanto.
Herkät sormesi!

Kuuntelin,
kuuntelin Sinua,
huokaisujasi,
hikihelmiä,
voi Rakas,
onko ihanampaa ääntä
kuin Rakkauden ääni?

Fyysinen Sinä,
Henkinen Minä.
Fyysinen Minä,
Henkinen Sinä.

**Vaelsin Sinun poukamaasi,
olin eräretkellä.**

**Minulla on Sinut aina.
Tähdetkin tietävät kertoa siitä,
katso vain,
kuinka monta
tähdenlentoa on
tänä iltana,
tänä yönä.**

**Mitä tapahtuu
illalla,
päivällä,
yöllä
se on
aamun arvoitus.**

Pysähdy Sinäkin,
katsomaan Majakan valoa.

Miten Sinä istuit,
kävelit,
liikuit,
Sinun vartalosi,
kupetteisi tuli
oli siinä.
Palavana, hehkuvana.

Minä kasvoin Sanaksi Sinussa,
armaani!

Kevyt kuin höyhen,
on kosketuksesi.
Väkevä kuin viini,
on kosketuksesi.

Minä odotin Sinua,
kaikki ne vuodet.
Nyt olen kiitollinen.

Vapaus,
vapaus
merkitsee
Rakkautta.

Se on vapautta ihmisen elossa.

Leikkaa, liimaa.
Kivi ja sakset.
Paperi, jolle
kirjoitin liimautui sydämeeni:
Sinä Rakas!

Posti kuljettaa runon.
Minä päivämääränä se on
kirjoitettu?

Se on kirjoitettu jo
kauan sitten.
Vasta nyt se saapui
luoksesi.
Matka oli pitkä.

Ei meillä ole ikäeroa.
Olemme vanhoja
Sieluja.

Tapasimme muinoin.
Jo silloin, kun
jäävuoret sulivat.

Kirjoitit,
kirjoitit minulle.
Luin,
luin Sinulle.

Sisälläni sykkii
Sinun sydämesi.
Voimakas ja
turvallinen.

Lukijalle

Olen kirjoittanut runoja lapsesta saakka.

Elämä tuo iloja ja suruja. Runojen kirjoittaminen on ollut minun tapani purkaa tunteitani ja ajatuksiani.

Myös on tärkeää kertoa läheisille ihmisille kuinka tärkeitä ja rakkaita he ovat.

Sitä tulee liian harvoin sanottua ja runojen kautta se on kaunis tapa kertoa se heille.

Runoni ovat vuosien aikana kertyneitä pöytälaatikkorunoja elämästä, kuolemasta ja rakkaudesta, jotka olen tähän kirjaan koonnut.

ELÄMÄ

Mitä on elämä?

Iloa,

naurua,

surua,

itkua,

terveyttä,

sairautta,

kaikenlaisten tunteiden ja tapahtumien kirjoa.

Jotkut pääsevät läpi elämän helpolla.

jotkut kulkevat tiellä vaikealla.

Kullakin on omat ilonsa ja ongelmansa.

Kunpa muistaisi ettei tuntisi katkeruutta ja kateutta turhaa.

Pyytää anteeksi ja anteeksi myös antaa.

Eikä pelätä tiellä tuntemattomalla,

vaan uskoa, että elämä kantaa.

Uskoa, että jopa ovet suljetut parempaan johtaa.

Virheistä opiksi ottaa.

Kun kaatuu, nousee joka kerta ylös vain uudestaan.

Muistaa pelotta rakastaa.

Sillä yksinäisyys myös sydämen särkymiseen johtaa.

Muistaa itkeä ja nauraa.

Huutaa ja olla hiljaa.

Riittää kun parhaansa tekee ja sen minkä pystyy antaa.

Hän katsoo ikkunasta sateeseen.

On hämärää ja aika matelee.

Ihmiset kadulla ilman sateenvarjoa märkänä astelee.

Joku humalassa horjahtelee.

Elämä vain eteenpäin menee.

Joskus tuntuu, ettei millään ole mitään väliä.

Ei arvoa anneta ihmiselämälle eikä sydämelle.

Moni turtuu turhuuteen.

Vaikka tekisi mitä hyvää, ei se ikinä tunnu riittävänkään.

Hän astuu yön jälkeen huomiseen.

Yrittää ajatella paremmin kuin eilen.

Hän ei halua sydäntään lannistaa eikä tunteitaan tukahduttaa.

Aurinko pilvien välistä yrittää pilkahtaa, valoaan antaa.

Se hetkeksi auttaa.

Lapsen viattoman katseen kohtaa.

Hymy aurinkoinen kasvoiltaan loistaa.

Äitinsä kiireisenä ja kireänä rattaita työntää.

Elämä on täynnä pieniä hetkiä ohi kiitäviä.

Joitakin niistä muistaa, joitakin helposti unohtaa.

Kun vain muistaisi elää hetki kerrallaan.

Kohtalo, varjot, valo ja tunteet aina elämässä kantaa.

RUKOUS

Jumalani,

jälkeen lapsuuden ja nuoruuden takkujen ja vaikeuksien.

Jälkeen eksyneen itkujen.

Läpi kivisten korpien.

Olen saanut elämäni uomilleen, silti vielä niin paljon edessäni.

Olen löytänyt sen suuren rakkauden, josta ennen kuljin vain haaveillen.

Tähän pystyn rauhassa jäädä lepäämään ja tästä pois helposti lähde en.

Kiitos Jumalani, ettet jättänyt minua yksin katetroitumaan.

Kiitos, löysin sen oikean.

Pyydän älä vie sitä minulta liian varhain pois.

Älä anna tapahtua mitään mikä veisi toiveeni paremmasta elämästä pois.

SIELUNYSTÄVÄ

Minä katson sinuun hymyillen.

Sinun lempeät silmäsi näkevät lävitseni.

Kosketat vahvoilla käsilläsi minut kipeää ja rikkinäistä sydäntäni.

Lämpö ja elämä virtaa minuun.

Huomaan pitkästä aikaa olevani oma itseni.

Unohdan vihan ja katkeruuden.

Syliisi rauhoitun,

silmiisi hukun.

Olen sinun.

Olet turvapaikkani.

Vain tässä minä nukun.

SINÄ

Hymysi on kuin aurinko joka päivääni piristää.

Olet kuin liekki joka sydämessäni roihuaa niin voimakkaana ja kirkkaana.

Olet kuin kuu taivaalla joka lohtua antaa, kun en unta saa.

Olet kaikkeni, jota ilman en olla voisi.

Älä lähde koskaan pois luotani!

AURINGONMAA

Lennä pieni lintunen luokse kukkaniittyjen.

Lennä oksalle puun

ja kuule viserrys,

kutsu tuo.

Tule luo!

YSTÄVILLENI

Minä kuuntelen teidän ilonne ja surunne, jos tahdotte kertoa.

Minä kannusta ja tuen teitä, jos sitä tarvitsette tai pyydätte.

Olette mielessäni, vaikka aikaa on mennyt ja välimatkaa on.

Olette rakkaita ja tärkeitä sielunsiskoni!

YÖLLISIÄ AJATUKSIA

Minä laulan.

Toivottavasti kuulet sen.

Minä puhun.

Toivottavasti kuulet sen.

Syvällä sisimmissäni tiedän, vaikka et aina sitä näytä, että sinä kuulet minua.

Vaikka en sanoisi mitään.

Juoksin hurjana voimatta pysähtyä.

Törmäsin sinuun.

Otin sinusta lujaa kiinni.

Sinä minusta vielä lujempaa.

Olemme vieläkin tässä.

Tuuli on ravistellut puittemme lehtiä armottomasti.

Se ei meitä kaada.

Ainakin uskon niin.

Seisot rinnallani vahvana sanomatta sanaakaan.

Silti tiedän sinun eikä minun tarvitse juosta myrskyävää tuulta enää pakoon.

Yhteen ovat juuremme kasvaneet.

Uskoni elämään horjuu välillä,

niin myös sinulla.

Salakavalasti sinä ajan kanssa korjaat sen.

Tahdon jakaa elämäni kanssasi,

olla osa sinua,

olet osa minua!

RAKKAUTTA ENSISILMÄYKSELLÄ

Kun silmiisi katsoin ensimmäisen kerran näin sielumme yhteen nivotun.

Entisen elämän ja tulevan.

Äänet ympäriltämme hävisi.

En nähnyt muuta kuin sinut.

Tiesin,

olet se oikeani,

sielunystäväni.

KAIPAUS JOULUSSA

On joulu.

Katselen kynttilän liekkiä.

Hiljenen,

muistelen teitä pois menneitä.

Te toitte minut tähän maailmaan kasvamaan, itkemään ja nauramaan.

Varmaan jostain minua vielä tarkkailette miten täällä pärjäilen.

Ei milloinkaan lopu rakkaus vanhempien.

Kun kuolen, on lohdullista tietää, että olette minua vastassa.

Haette minut pois toiseen maailmaan.

SINÄ VAIN

Rakkaani,

sinä ja sinun kaunis sielusi.

Veit varkain sydämeni.

Muutuimme yhdeksi ja lupasimme sen kestävän ikuisesti.

Olet ainoa, joka tuntee todellisen sisimpäni.

Olet todellinen sielunystäväni.

Rakastan sinua aina ja äärettömästi.

JOULU RUNO

Kosketti sydäntäni enkelin siipi.

Joulurauha mieleen hiipi.

Tähti kirkas taivaalla tuikki.

Hyvää joulua se hiljaa kuiski!

ÄITIENPÄIVÄ RUNO

Niin suuri on äidin rakkaus!

Sydän niin hellä.

Puhdas kuin enkelillä.

TYHJÄ SYLI

Sinä meidän rakkautemme hedelmä,

missä olet?

Kauan olemme sinua odottanut.

Toivomme on valunut hukkaan kuin hiekka tiimalasissa.

Itken yksin salaa nämä kyyneleet sinua kaivaten.

Olen väsynyt pettymään yhä uudelleen ja uudelleen.

Tässä istun sydämeni ja sylini täynnä tyhjää.

Ole kiltti,

tule ja täydennä tämä sielunystävien rakkaus.

Täytä tämä suuri kaipaus.

KYLMYYS

Alastomat puut huojuvat tuulessa vasten harmaata taivasta.

Tämä on sieluni maisema.

Minulla ei ole sisimmissäni toivoa.

Toivoisin aurinkoa ja valoa.

Voimia silmäni avata.

En tiedä kuinka pääsisin pois tästä pimeästä tunnelista.

Tiedän asioiden elämässä olevan väliaikaisia.

Niin mustina kuin valoisina kausina.

Tällä hetkellä minulla ei vain ole voimia.

Kaikkea on nyt liikaa... murhetta.

Lunta sataa hiljalleen.

Katuvalot saavat hanget kimaltamaan.

Nostan katseeni taivaaseen.

Tähtiä ei näy.

On vain pimeää.

Aika kiitää eteenpäin.

Vuosi on taas mennyt.

Minä haavojani vieläkin parantelen.

Se on varmasti projekti ikuinen.

Annan anteeksi muille ja itselleni.

Se on jo hyvä alku.

Haluan tehdä hyviä tekoja.

Sydämeni pohjasta rakastaa.

Riisua pois kaiken vihan ja katkeruuden.

Tahdon rauhan ja ilon sisimpääni.

Osata elää hetkessä.

Osata ikävöidä kauniisti.

Kulkea silmät auki.

Hyväksyä kohtalon polun ja asiat, joihin en voi itse vaikuttaa.

TOMAS PIKKUINEN

Katson pientä poikaa leikkivää.

Suloinen pellava pää.

Hän tuhisee keskittyessään.

Paljon matkaa vielä edessään.

Olet kaunis ja urhea niin.

Hymysi kuin enkelin.

Olet aarteemme päällä maan.

Toivomme ettei paha voi sinua koskaan koskettaa.

Toivomme sinun oppivan rohkeutta, viisautta ja rakkautta.

Toivomme elämääsi paljon onnea!

UNILORU

Hops, hops peitto hulmahtaa.

Tomaksen silmät kiinni lupsahtaa.

Hops, hops peitto hulmahtaa.

Jo nukkuu kulta unta ihanaa.

TOMAS

Sinä pieni ihmeemme,

rakas aarteemme,

kaunis poikamme.

Hymysi on kuin kesäinen aurinko.

Naurusi kuin soljuva puro.

Toivomme sinulle onnea, viisautta ja paljon rakkautta.

Sinua äärimmäisen paljon rakastamme.

SYNTYMÄPÄIVÄ RUNO LAURALLE

Olet kolmevuotias.

Leikkivä ja oppiva.

Ihmettelet maailmaa niin suurta ja avaraa.

On ilo olla paikalla, kun syntymäpäivääsi juhlitaan!

Paljon onnea vaan!

TOIVO

Istun järven rannalla.

Hiekkaa liikaa silmissä.

Kuulen tuulen vettä liikuttavan.

En näe kunnolla eteenpäin.

Kylmyys iskeytyy päin kasvoja.

Auringonsäde pilkahti,

hieman toivoa minuun istutti.

Mieleni kipeä sai vähän lievitystä.

Kaikesta huolimatta kaikesta selviän.

KUMMITYTÖLLE LAURALLE

Tervetuloa maailmaan pieni Laura Aurora!

Avaruuden tähdet sinulle kirkkaana loistaa,

ne sinua tielläsi opastaa.

Tähdenlento matkallasi toivoa antaa.

Kuun valo kasvoillesi loistaa.

ELÄMÄN VALO

Kun sinut ensi kertaa näin,

tuntui kuin olisin kävellyt seinää päin.

Katseesi sai minut taivaisiin,

hukuin silmiisi ruskeisiin.

Kuin magneetti vedit puoleesi minua.

Ennen kuin tajusin,

rakastin sinua.

En uskonut ennen rakkauteen ensi silmäyksellä,

mutta kun sinut näin roihahti liekki sydämessäni.

Olet elämäni valo!

Hymysi on kuin auringonkajo.

Tuot minusta esiin sen hyvän ja kauniin puolen.

Olen jälleen se hyvä sydäminen kuten olin joskus aikoja sitten ennen.

Minulla on hyvä ja helppo kanssasi olla.

Kiitos, että olet olemassa!

Olen aina ystäväsi ja rakkaasi!

Rakastan sinua niin paljon!

Rakas äitini!

Minun sydämeeni sattuu, kun näen sinun kärsivän.

Usein tunnen tuskasi, vaikka luulet salaavasi sen.

Elämä on julmaa!

Toivoisin sinulle parempaa!

Sanat loppuvat kesken.

En tiedä mitä sanoa tai tehdä.

Surulleni en keksi sanoja.

Suru rakentaa sydämeni ympärille muuria.

Sanat muuttuvat kuiskaukseksi,

kuiskaus hiljaisuudeksi.

Pelko muuttuu suruksi,

suru vihaksi.

Minä muutun kovaksi.

Ympärilläni on muuri ja silti näet läpi sen.

Miten sinä sen teet?

Miten minä näen sinun lävitse?

Mitä sitten teen, kun yhteys katkeaa?

Minulle jää vain tyhjyys.

Nyt voin vain kysyä ”Miten voit?”

Sinä vastaat ”Ihan hyvin”.

Loput luetaan rivien välistä,

äänen sävyistä.

Olet äiti minulle rakas!

ENKELINI

Äiti,

minulla on nyt itselleni aikaa.

Suru sielussani on viipynyt liian kauan.

Itken nämä sydämeeni jäätyneet kyyneleet, kun kukaan ei ole niitä näkemässä.

Minulla on sinua kova ikävä!

Kova on kuoreni.

Tiedän sinä näet läpi sen.

Enkelit usein ovat muodossa ihmisen.

LEPÄÄ ÄITI RAUHASSA

Tyhjyys sydämeeni astui, kun sinä täältä poistuit.

Sinä lähdit tuulten matkaan.

En näe sinua enää koskaan.

Kaipaus suuri jäi rintaan.

Muistan ja rakastan sinua äiti aina!

Lepää rauhassa.

IKÄVÄ

Äitini siellä jossain...

Enkelini rakas!

Olen kovin väsynyt.

Ikävä sinusta sydäntäni painaa.

Ei arki suju vailla huolta muutenkaan.

Työt pitäisi jaksaa ja silti ei ole ikinä tarpeeksi rahaa.

Voimani ovat ohuen langan varassa.

Odotan vain aikaa parempaa.

Olisitpa täällä sanomassa jotain viisasta ja lohduttavaa!

Miten saisin voimaa jaksaa?

En saisi nyt romahtaa.

Se asioita vain entisestään pahentaa.

Miten saisin mielen rauhaa?

LEPÄÄ RAUHASSA ISÄ

Isä,

kun sinut viimeksi näin.

Se näky mursi sydämeni.

Olit lyhyessä ajassa vanhentunut silmissä.

Et enää itsestäsi välittänyt.

Kotisi sotku kuvasti sielusi maisemaa.

Kun sinua autoon talutin sydämeni rikkoutui matkalla katuun miljooniksi säpäleiksi.

Tiesin sinun lähtevän pois.

Sisko sinulle matkalla huusi ja itki.

Minä istuin hiljaa ja kyyneleitä nielin.

Itkit sinäkin.

Kaikesta huolimatta sinua ymmärsin.

Et halunnut kertoa meille todellisia tunteitasi.

Et siitä kuinka suru sinut mursi.

Et halunnut apua pyytää.

Halusit vain poistua tästä maailmasta.

Mennä sinne missä on rakkaimpasi.

Lepää rauhassa isä.

Vie äidille rakkaita terveisiä.

ISÄLLENI

Rakas isäni...

Niin sinä väsyit.

Ikävä sieluasi näännytti.

Sinä lähdit rakkaimpasi perään.

Ymmärrän sinua...

Näit ympärilläsi vain pimeää.

Parempi sinun on nyt olla,

yhdessä rakkaimpasi kanssa siellä jossain.

Ikävä suuri minulle jäi.

Täysin orpo on nyt sydämeni.

Ei aikakaan varmaan tätä tyhjyyttä pois vie.

Sumuinen on tämä elämän tie.

Aurinkoa odotan...

HYVÄSTIT

Hyvästi rakkaat vanhempamme!

Elämän meille loitte.

Paljon rakkautta annoitte.

Ikävä suuri jää sydämiimme.

Olette enkeleinä meille elämän matkallamme.

ISÄLLE JA ÄIDILLE

Mitä sinulle sanoisin, jos olisit täällä rakas äitini?

Kiitos rakkaudestasi ja tuestasi!

Tiedän sinulla oli vaikeaa.

Olisin toivonut voivani sinua enemmän auttaa.

Anteeksi huolista, jotka sinulle toin!

Olit ystäväni ja äitini.

Olit ainoa, joka todella minua ymmärsi.

Kiitos rakkauden täyteläisistä halauksista, ymmärryksestä ja viisaista neuvoista!

Mitä sinulle sanoisin, jos olisit täällä rakas isäni?

Kiitos rakkaudestasi ja turvallisuuden tunteesta, jonka toit!

Kiitos kun teit kauniita leluja puusta ja korjasit kaikkea!

Toivon, että olisin osannut enemmän näyttää kuinka paljon sinua arvostin ja rakastin.

Vaikeassa tilanteessa olisin toivonut voivani auttaa sinua paremmin.

Mitä teille sanoisin, jos olisitte täällä rakkaat äiti ja isä?

Te parhaanne yrititte ja ymmärrän miten kaikesta huolimatta kaikkenne annoitte ja rakastitte.

Toivon, että tiesitte kuinka tärkeitä ja rakkaita olitte minulle.

Pyydän anteeksi kaikkea huolia, joita aiheutin!

Olette sydämessäni ikuisesti!

KIITOS RAKAS

Kiitos rakas, kun olet perheeni, rakkaani ja ystäväni!

Kiitos kun ole ollut rinnallani vaikeinakin hetkinä.

Kiitos ymmärryksestäsi.

Kiitos kauniista pojastamme!

Toivon tulevan tuovan meille paljon hyvää.

Rakastan sinua!

Olet ainoa, joka minut todella tuntee.

Kiitos kun vierelläni kuljet!

MUISTOLLESI

Lähdit tuulten matkaan.

Nyt olet tähti taivaan joka kauniista muistoista kirkkaudellaan muistuttaa.

Lepää rauhassa rakas vaari ja isovaari.

Sinä pieni enkelini,

kosketit sydäntäni.

Kerroit sen olevan rikki.

Kysyit miten sen korjaisi.

Huijasin hieman sanomalla sen olevan ehjä,

se ei ole rikki.

Hiljaa mielessäni mietin miten pieni lapsi näki sen.

Sinä aina kesäisin poimit minulle kukkasen kertoen minun olevan kaunis prinsessa ja minua rakastat.

Miten onnekas olenkaan saadessani pojan noin ihanan!

Sinua valtavasti rakastan.

LUKOSSA

Sinä katsot minuun kysyen mitä ajattelen.

Vastasin tyhjyyteen tuijottaen.

Minä en pelkää pimeää, vaikka sitä näen.

Vaan pelkään sinne juuttuvani enkä pääse pois lähtemään.

Pelkään minut hulluksi leimataan, jos uskaltaa näyttää tunteitaan.

Pelkään mitä tapahtuu, kun muuriini tämä hajoaa ja kaikki padotut tunteet vesiputouksen lailla purkautuu kaikkialle.

Tahtoisin nähdä valon ja olla huoleton.

Tahtoisin nauraa sydämestäni ja olla iloinen.

Miten tämän saisin?

Sitä tiedä en.

Tahtoisin tämän turruttavan olon pois.

Tahtoisin osata itkeä ikävät tunteet pois.

Sitten katson silmiisi ja sanon.

Kukaan ei auttaa minua voi.

Sillä minä itse olen esteenä päästää ikävät tunteet pois.

VERHOT

Olen tottunut kaiken itse tekemään harvoin pyytämättä apua keneltäkään.

Elämän tapahtumat ovat pystyttäneet muurin tämän.

Ulospäin en näytä tätä mielen painoa,

mutta kun kotini oven suljen ja riisun tämän naamion,

tunnen surun sen.

Olo on välillä kuin eksyneen lapsen.

Olen kuitenkin lujasti päättänyt eteenpäin kuljen kasvaen ihmisenä joka päivä.

Muuta tehdä voi en.

TIE

Olen siunattu ja rakastettu,

tiedän sen.

Olen siitä hyvin kiitollinen!

Elämä järjestää vaikeista ajoista huolimatta elämäni toivomaani suuntaan.

Mutta aika ajoin varjon päälläni huomaan.

Menneisyyden haamut kolkuttavat ja niiden vaikeat tunteet kaihertaa vaikka oikeastaan niitä mieti en.

Välillä katoan sumuun.

Kadotan itseni ja pelkään putoavani syvyyteen.

Välillä olen hyvin väsynyt enkä jaksa parastani yrittää.

Usein ihmettelen miksi asiat tapahtuvat vaikeimman kautta.

Mitä pahaa olen tehnyt, kun en saa tietä helpompaa?

UNELMA

Unelmani on olla huolta vailla vuoriston jylhissä maisemissa,

haistella raikasta tuulta.

Kuunnella lintuja sekä myös yön hiljaisuutta.

Kuunnella meren kohinaa ja hiekalla maata,

tuntea aurinko kasvoilla.

Katsella tähtiä ja revontulia sekä auringossa kimaltelevaa hankea.

Nähdä enemmän maailmaa ja kauniita paikkoja.

SISKO

Siskoni,

olemme niin erilaiset, mutta kuitenkin jotenkin samanlaiset.

Olemme menettäneet yhtä lailla ison palan historiaamme.

Sinulle enemmän aurinko paistaa kuin minulle,

sille et voi mitään ja se on kohtaloni.

Olen onnellinen puolestasi.

Olet tärkeä osa elämääni ja olet mielessäni,

Kiitos sinulle kaikesta.

Olet rakas!

ANOPPI

Kun sinut ensi kerran tapasin, otit avosylin vastaan.

Kaikki nämä vuodet olet ollut ihana ja aina tarvittaessa tukena.

Tuntea noin vahvan ja sydämellisen ihmisen on harvinaista.

Olet anoppini tärkeä ja rakas!

KUMMITYTÖLLE MILJALLE

Milja pieni tähti silmä.

Suloinen kummityttöni!

Toivon tiellesi enkelten siipien kahinaa.

Suojelua ja rakkautta.

Saatteeksi

Haluan kiittää kannustuksesta miestäni, anoppiani, siskoani ja ystäviäni julkaisemaan nämä runot.

Oman runokirjan julkaisu on ollut minulle pitkäaikainen haave.

Kiitos teille!

Kiitos lukijoille mielenkiinnosta!

© 2025 Hanna Söderström
Kustantaja: BoD · Books on Demand, Mannerheimintie 12 B,
00100 Helsinki, bod@bod.fi
Kirjapaino: Libri Plureos GmbH, Friedensallee 273,
22763 Hampuri, Saksa
ISBN: 978-952-80-9558-3